Círculo Rojo
EDITORIAL

El fantasma del arroyo La mujer

El fantasma del arroyo La mujer

Isabel Téllez Navarro

Círculo Rojo
EDITORIAL

Primera edición: enero 2025

Depósito legal: AL 3767-2024

ISBN: 978-84-1097-348-0

Impresión y producción: Editorial Círculo Rojo

© Autora: Isabel Téllez Navarro
© Maquetación y diseño: Equipo de Editorial Círculo Rojo

Editorial Círculo Rojo

www.editorialcirculorojo.com

info@editorialcirculorojo.com

Impreso en España - Printed in Spain

Agradezco la colaboración, admirable, desinteresada y anónima, a mi *rebaño*, actores y artífices conmigo de esta trastada involuntaria... y espero de las venideras.

Dedicado a mi nieto Mateo y a mi nieta Anita.

Y, cómo no, a los nietos y nietas de ese *rebaño*:

- David, Rocío y Cinta
- Andrea, Antonio, Chenia y Ariatna
- Andrea, Samuel, Marta, Andrés y Mateo
- Adrián, Carmen, Manuel, Víctor y Nicolás
- Patricia, Rocío y Lola
- Mar
- Caroline, Anne, Charlotte, Agate
- Leo, Marian, Daniela, Belén, Raquel y muy especialmente a nuestro querubín Carlitos

La existencia de este gran rebaño ha motivado que este relato, nacido en 1974, ¡hoy vea la luz!

EL FANTASMA DEL ARROYO LA MUJER

Era la hora de la siesta. Mamá nos encerró en el cuarto para que durmiéramos y no le diéramos la lata. La habitación era grandísima, separada en la mitad por una mampara enorme. Los chicos a un lado: Bebo, José y Lobín, más el primo Juanjo (de 11, 9, 6 y 10 años, respectivamente); las chicas a otro: Anichi, Maruchi y Beli (yo misma, de 10, 8 y 7 años, respectivamente), más dos bebés, Jesuli y Lali, de 1 año arriba o abajo cada uno. Hacía muchísimo calor allí y no había quien aguantara el encierro. Me escapé sigilosa, agachándome por delante de ellas mismas, mamá y tita Mercedes, que oían dando cabezadas la novela de la radio. Atravesé corriendo, por la propia huida y el sofocante calor, el enorme patio empedrado y fui a tumbarme bajo el viejo chaparro del corral del ganado. Me encontraba justo enfrente de casa, por lo que ¡siempre nos tenían controlados! Allí al menos, bajo la gran sombra, corría algo de airecillo fresco. El calor no se sentía tanto como en la *cárcel* donde nos metían.

Con la modorra, me vino al pensamiento la aventura que papá nos contó la noche anterior. Me intrigaba un poco. Papá acostumbraba por las noches a leernos o contarnos alguna historia para relajarnos antes de irnos a la dormir, y más temprano que tarde lo conseguía; empezábamos con los bostezos, a pesarnos los párpados, y acabábamos con las cabezadas, hasta que nos rendía el sueño, normalmente en lo más interesante.

Aquella noche nos relató una historia real, que le ocurrió a él mismo en el arroyo La Mujer, cerca de aquí. Existía una leyenda que mantenían viva los lugareños. Decía que, en ese paraje, por las noches aparecían fantasmas y se oían cadenas. La verdad es que, según mi padre, pocos se atrevían a pasar por allí, pues, además de esto, temían a los forajidos y contrabandistas que abundaban por la zona.

El arroyo discurría, en un tramo, por una cañada rodeada de monte bajo. A un lado del camino el arroyo y al otro aparecía un talud vertical del terreno de gran altura de color rojizo, con abundantes nidos de abejarucos. En la parte superior, una palabra enorme escrita con cal: «COTO». ¡Primera palabra que aprendimos a leer! Cada vez que pasábamos por allí, jugábamos a quién decía más palabras con las posibles combinaciones de las distintas consonantes. ¡Las picardías no valían! ¿Que qué significa COTO? Lugar donde se permite cazar (según papá). Nuestra reacción inmediata: ¡gritar hasta desgañitarnos a las aves para que no se posaran por allí!

En las noches sin luna, el lugar quedaba muy oscuro, por tanto, ideal para esconderse los perseguidos de la justicia. Mi padre no creía en estas habladurías. Era guarda jurado del cortijo La Doctora, donde vivíamos, lo que suponía salir algunas veces de noche por los alrededores de la finca.

Papá esa noche nos contó que, un día de finales del invierno (febrero), le cayó la noche encima. Iba en su caballo de vuelta al cortijo y, al llegar cerca del arroyo La Mujer, se acordó de la leyenda, pero no le dio mucha importancia, había luna y se veía algo claro. Pensando en estas cosas y en las preocupaciones de su trabajo, el caballo respingó, y con él también mi padre, pues a su alrededor no veía razón para que el animal se asustara. De pronto apareció frente a él, al lado del camino, un bulto blanco brillante muy grande, que no llegaba al suelo, pero que tenía forma de cabeza humana, con brazos y todo. «¡EL FANTASMA!», pensó. Esto le asustó muchísimo, pues nunca le había ocurrido antes. Así que agachó la cabeza, cerró los ojos y siguió adelante, ya que no podía volverse atrás.

No nos contó el final, ¡y eso que teníamos los ojos como lechuzas! Solo nos dijo que los fantasmas no existen, que él lo había comprobado y que seguiría en otra ocasión:

—¡Hora de irse a la cama! ¡Cada mochuelito a su olivo! —nos dijo.

Yo, al igual que mi padre, no creía en los fantasmas, pero este hecho me inquietaba. Lo primero que hice aquella mañana fue agarrarme al cuello de tita Meme, mi hermana gigante y mi segunda mamá. Al poco tiempo de casarse mis padres, mis abuelos maternos fallecieron, quedando tita Mercedes (hermana de mamá) huérfana con 5 añitos. Mi mami, al ser la mayor, se hizo cargo de ella y de su hermano Juan, de 15 años. Hoy tienen 17 y 27, respectivamente. Meme ayuda a mamá, y tito Juan, a papá, ¡que siempre anda por el campo dando vueltas!

A mi tito Juan lo despidieron del trabajo en Gibraltar por su epilepsia. ¡Qué tontería! Las crisis solo le dan de vez en cuando y hasta mi hermano José, de 9 años, le ayuda a sentarse sobre el suelo para no dañarse la cabeza. ¡Es más valiente mi hermano! Ambos también nos cuidan y nos quieren con locura, sobre todo Meme a mí y Juan a José. ¡Somos su debilidad!

Agarrada a su cuello le doy un gran beso sonoro y a bocajarro le pregunto:

—Meme, ¿tú crees en los fantasmas?

—¡Ay, mi niña! —contesta—. ¡Ven *p'acá*, que te quite esa pelambrera y te coja dos trencitas! ¡Pareces una leona! A ver cuándo aprendes a peinarte, que Maruchi, desde hace un siglo, se peina sola unas trenzas preciosas y tú... ¡con lo *espabilá* que eres cuando te conviene!

—Vale, pero sin tirones, ¿eh? Y dime la verdad, ¿hay fantasmas en el arroyo La Mujer?

—A mí no me digas esas cosas, que me entra el canguelo nada más pensarlas. La gente de la sierra El Arca rumorea horrores de ese espanto, fantasma o lo que sea... ¡Quita, quita! Ni se te ocurra liarme con esas palabrerías, ¡que por la noche no duermo!

—Es que papá dice que los fantasmas no existen, pero dice... que vio el fantasma cerca del arroyo la mujer. Nos contó esa historia menos el final. ¡Y estoy hecha un lío, tita bonita!... ¡Anda, Meme! —le ronroneo.

—A mí no me vengas con monsergas, ya te lo he dicho. Tú, a hacer caso de lo que diga papá, ¡y punto! Deja de inventar historias, que te conozco y luego siempre me tocan a mí las *roías*. Para peinarte, ¡la más torpe!, pero para curiosear, ¡la primera!... ¡Hala, corre a desayunar, que vas tarde!

Al dejar a Meme y antes de entrar en la gañanía, vi por la ventana pasar a mi amigo Matías, el tractorista, y salí cual bala a preguntarle si de verdad en el arroyo la mujer había fantasmas. Me respondió que sí, que era enorme y blanco brillante. ¡Con forma de mujer! Y que ahogaba a la gente en la charca.

—¡Al final la última, como siempre! —grita mamá cuando me ve entrar—. Ya la tita tiene a la burra Pepa aparejada para ir por el agua a la fuente El Arca, con Anichi y Maruchi. ¡Tú aquí, al cuidado de los chiquitines, verás como a la próxima espabilas! Siéntate, anda, antes que se enfríe la leche del todo.

Rebanada de pan con margarina La Cigüeña de Gibraltar: ¡rica, suave y sabrosa! Iba a preguntarle a mami sobre lo mismo, pero me cortó en seco.

—¡Uy! Para fantasmas estoy yo con lo que tengo por delante. —Tenía a Lali en brazos, que acababa de despertar—. Esta bolita hace tiempo que quiere su teta, así que voy a la silla baja, y tú, muchachita, termina ligera, deja tazón y plato en el lebrillo y ahí tienes a Jesuli, que ya empieza a lloriquear. ¡Ha salido a ti, mi niña! ¡De bebé y hasta hace poco eras tú la llorona del rebaño! ¡Anda, aventurera, que ya tienes la mañana completita!

COTO

Efectivamente, en casa era yo la de la gabiarra continua. Maruchi es cierto que tiene lágrima fácil, pero lo mío es de berreo en seco y aún me dura. Aunque solo en ocasiones. Por lo que puedo rescatar de mi corta memoria, de muy muy muy pequeñita, ¡un bulto morenito me pellizcaba fuertemente los mofletes! ¡Llorando aprendí a defenderme! Con el tiempo descubrí que ese morenito era mi hermano José, dos años mayor que yo, pero que aún echaba de menos su teta. La primera usurpadora fue Maruchi, y detrás yo, ¡pobrecillo, y pobre yo! Todavía hoy cuando se me acerca demasiado recuerdo mis berreos. Desde luego, él también, no se le ocurre darme ni una broma.

Cuando nació Lali, hace un año, después de 6 años siendo yo la princesa de papá, ¡caí del trono de repente! Me dolió tanto que repetí la misma táctica: pellizcar fuertemente sus rojos mofletitos, ¡que se ponían encendidos! ¡Y vaya si funcionó! Eso no era una niña, ¡era la bocina de un barco saliendo de la bahía! Hasta que un día probé por sorpresa, ¡la chancla de mamá! ¡Eso sí que funcionó! ¡Un chancazo a tiempo quita todos los cuentos!

Cuando acabo la leche, *pregunto* a mamá por los chicos.

—No busque salidas, que ya nos conocemos —me volvió a callar.

—Salieron temprano al camino a recoger al primo Juanjo, que viene a pasar el fin de semana, para que su padre dé la vuelta y ahorre caminata —unos 4 km separaban el cortijo de San Roque—. Vendrán los dos andando, el tito traerá su bici para volver antes. La última tarea parece que gusta menos y es de la que nadie te libra ya... ¡La que llega tarde ni oye misa ni come carne! Así que ¡aligera!

Tito Juan estaba al fondo, en la chimenea preparando la leña para encender el fuego. Mamá, en cuanto soltara a Lali, se dispondría a poner el puchero. Me acerqué a él, ya con Jesuli calmadito de mi mano, algo zalamera para darle la carga. Él ya estaba alerta, pues cuando entraba, con el manojo de leña, me vio con Matías.

—Yo por allí no voy —empezó a decirme—. Allí no se me ha perdido nada, y a ti menos, mocosa —que lo era, me decían «la oveja», los puños del yersi (jersey), los ponía verde de limpiarme en ellos—. No me creo nada de lo que diga la gente, yo a lo mío; además, con vosotros tengo bastante. La próxima vez que pasen los contrabandistas por la puerta del cortijo, les preguntáis, ¡valientes! Ellos conocen muy bien el lugar.

Cierto que los contrabandistas, de vez en cuando, pasaban por la puerta del cortijo y saludaban a mi tito Juan; nosotros, sentaditos junto a él, también contestábamos por imperativo de don Juan de villa naranja, que así le llamábamos a escondidas. A veces hasta le daban bolsas de tabaco en rama y papel de liar, que se guardaba con disimulo. También le daban algunos *suitis* (caramelos), que nos repartía cuando él quería. A nosotros nos picaba la curiosidad y nos quedábamos pegaditos a mi tío con mucho respeto (por no decir miedo), escuchando la conversación entre ellos. Pero si tito no estaba, nos pillaba jugando en la puerta y veíamos venir los mulos cargados, corríamos para dentro como si hubiésemos visto al mismo diablo. «¡Tonto el último!», decíamos.

Con tanto batiburrillo en mi cabeza solo conseguí inquietarme más sobre su existencia. «¿Por qué a mi padre no le había pasado nada? Pero, si no existen los fantasmas, entonces, ¿qué fue lo que vio? ¿Por qué se asustó? ¿Por qué no nos quiso contar el final?», pensaba, meditaba, y otra vez a pensar. ¿Se habría inventado esa historia para que no nos acercáramos a la charca que había en un ensanche del arroyo? ¿O a la charca María Moya, que no estaba lejos?

Mis hermanos y mi primo Juanjo siguieron más tarde mis pasos. Solo que salieron por la ventana que daba al gran patio, evitando así la vigilancia. Llegaron y se pusieron a ojear tebeos y estampas que trajo Juanjo de San Roque.

Entonces lancé el zumbido machacón que bullía en mi cabeza.

Beli: ¿Ustedes creen en los fantasmas?

Bebo: No; además, no les tengo miedo, aunque papá lo haya visto.

José: No, y tampoco los temo.

Lobín: No sé, como nunca los he visto, no sé si me gustarán o no.

Juanjo: Yo no quiero meterme en líos, que me sé la historia y te conozco.

Beli: Juanjo, no has contestado; además, no nos vamos a meter en ningún lío.

Juanjo: No, no los temo. Dejemos ya las niñerías.

Lobín: Ni yo tampoco, ¡soy tan valiente!

Beli: Me parece que aquí somos todos muy valientes... No los tememos porque no los hemos visto. Pero... ¿y si los viéramos?, ¿qué haríamos?

Juanjo: No los podemos ver porque no existen.

José: ¿Y quién te ha dicho que no existen? ¿Quieres decirme entonces qué fue lo que vio mi padre?

Juanjo: Tu padre os ha engatusado con sus rollos de siempre. Se ha inventado la historia del fantasma y os la ha contado para meteros miedo, y así no iremos a la charca a bañarnos. ¿Lo entiendes?

Esa charca era algo profunda y algo peligrosa, y cierto era que mis padres no querían que fuésemos allí a bañarnos. Nos tenían preparada una pocita entre piedras, un charquito a modo de presa en el arroyo de La Doctora, que pasaba por delante del cortijo donde, en vez de bañarnos, hozábamos como cochinillos, pues en verano solo llegaba el agua de un romaniente y hasta se secaba. Eso sí, bañeras grandes en el patio estaban todo el verano... ¡Pero no es lo mismo!

Bebo: Papá no nos miente nunca, y cuando él nos cuenta una historia que es verdad, lo es. ¡Y ya está!

Lobín: ¡Eso! Papá me ha dicho que vienen los Reyes Magos, aunque ustedes digan que no; y como no lo creáis, el año que viene os quedaréis ¡sin *na*!

José: ¡Qué lelo es! ¡Pobrecito!

Beli: Bueno... En vez de discutir, he pensado que hay una forma para averiguar si...

Juanjo: No sigas. ¡Sé la forma! Y no estoy dispuesto a escucharla.

Beli: ¡Ah! Pero... ¿no dices que los fantasmas no existen?

Juanjo: ¡Claro que no!

José: Entonces, ¿a qué temes?

Juanjo: Lo único que temo es que todas sus ideas nos llevan al mismo sitio: ¡a meternos en líos! Las vacaciones están ya cerca y mi padre no me querrá dejar aquí este verano. ¡A eso lo temo!

Beli: En esta ocasión no hay motivos: solo con ir y comprobar si existen. ¡No hacemos nada malo!

Juanjo: De todas formas, no contéis conmigo.

José: ¡Primacho, tienes miedo!

Juanjo: ¿Miedo yo? ¡Ja!

José: ¡Contesta!

Beli: ¡Basta ya!, ¿no?... En vez de pelear, ¿por qué no lo comprobamos? Así vemos si en verdad somos tan valientes.

Juanjo: Conmigo no contéis, y repito, ¡no tengo miedo! Si a algo le temo es al castigo. ¿Qué va a pensar vuestro padre?

Bebo: Yo opino lo mismo: papá nos tiene dicho que no nos acerquemos a la charca. Como se entere, nos vamos a enterar nosotros.

Beli: ¡Muy bien, Bebo!... Pero es que nosotros... no vamos a la charca María Moya, ¡listo! Vamos al otro lado... ¡Al arroyo La Mujer!

Lobín: Yo no voy, que papá nunca miente.

José: ¡Sois los tres unos cobardes! Lobín tiene una excusa; al fin y al cabo, es todavía un renacua...

Lobín: ¿Renacuajo yo, que soy el más valiente de todos? Lo que pasa... es... que, como vaya, los Reyes no me van a traer juguetes.

José: Pero ustedes dos, ¡que sois unos hombres! No sé cómo no os da vergüenza.

Bebo: Uhm... ¿Qué dices, Juanjo?

Juanjo: Que ya estoy sintiendo los palos venir. ¡ME APUNTO!

Bebo: Yo también... ¡Qué le vamos a hacer! Pero si luego nos pillan, no vale decir que ha sido mía la idea, que yo era el mayor, que yo tuve la culpa.

Beli: Si nos pillan, nadie dirá nada. Y si por casualidad a alguien se le escapa la lengua, ¡y ten cuidado, Lobín!, ¡SE LA CORTAMOS DE RAÍZ!

Todos: ¡Vale!

¡Lo conseguí! Por fin podré salir de dudas y dormir tranquila. El plan ya está en marcha, ¡no fallará! A la caída de la tarde emprenderemos la ruta. Como tenemos por costumbre jugar por los chaparros hasta la hora de cenar, ya anochecido nadie nos echará de menos.

Nos fuimos todos al cuarto hablando de otras cosas. Allí estaban los dos chiquitines, Jesuli y Lali, dormiditos cual benditos. Mis hermanas, Anichi y Maruchi, *Frititas*, con unos ronquidos que hacían mover las paredes. Mamá nos llamó, nos dio la merienda: rica rebanada de pan con miel. «¡Cuidado con las abejas!», advirtió.

Nos fuimos de nuevo a jugar bajo el chaparro con el columpio y demás. Yo creía que mis hermanas no se iban a marchar nunca. Caía la tarde y ellas no querían bajarse del columpio. Yo las mecía con todas mis fuerzas para darles miedo. Papá nos hizo el columpio múltiple, de forma que cabíamos todos. Eligió una gruesa y sana rama del chaparro, una gran cuerda fuerte y doble de forma que abajo colocaba un largo tablón bien asegurado los extremos del mismo con los de la cuerda... ¡En serio, era una pasada! ¡Te sentías volar! Pues ellas tan ricamente, como si nada. Aquel día parecía que se lo habían dicho.

¡Anichi y Maruchi se fueron al fin! Los chicos seguían jugando a los meblis (canicas). No sé si se hacían los despistados o remolones. Yo al momento salté:

Beli: Chicos... Creo que ya es la hora.

Bebo: ¿De qué?

Beli: ¡Ah! Pero... ¿no os acordáis?

José: ¡Ah, sí! ¡Vamos!

Juanjo: ¿Por qué no nos dejamos de tonterías?

Bebo: ¡Eso es lo mejor!

José: ¡Ya empezamos!

Juanjo: ¡Bueno! ¡Bueno!... ¡Vamos!

Bebo: ¡Ay! ¡Qué veranito nos espera!

Beli: ¡Nada más piensas en lo peor!

Lobín: Yo en lo que pienso es... ¡en los Reyes! Verás como se enteren.

Empezamos a caminar hacia nuestro destino. Íbamos charloteando. Juanjo y Bebo no sabían lo que hacer, no estaban nada convencidos. Se retranqueaban, cotilleaban entre ellos con las manos en los bolsillos, mirando de un lado para otro sin pizca de ganas. Íbamos por la llanura, pero conforme avanzábamos ellos quedaban algo rezagados.

José: ¿Estáis pisando huevos?

Beli: No os entretengáis, que cuanto más tardemos, peor para todos.

Lobín: ¡Vamos a casa! ¡Que no existen! Lo ha dicho papá, ¡que nunca miente!

Bebo: ¡Ya voy! ¡Ya voy!

Juanjo: Vamos, demos la vuelta, que será lo mejor.

José: No me dirás que le temes a una zurra... ¿Verdad?

Juanjo: No le temo a nada, ¡andando!

El arroyo estaba a una distancia relativamente cerca. El camino era ancho y abierto al inicio, pero a medida que nos aproximábamos a la cañada, se hacía más angosto y difícil, con muchas piedras y hundilones, los cuales nos hacían de vez en cuando tropezar.

Las sombras se alargaban ya poco a poco, el sol bajaba pausado. Aún no veíamos la luna. Empecé a intranquilizarme y a sentir algo de miedo, pero me lo tuve que callar, pues mi cabezonería no me haría bajar del burro. Mis hermanos no sabían ya a dónde mirar; todo lo que veíamos nos parecían fantasmas. Al principio, íbamos algo distanciados; a medida que nos acercábamos, nos íbamos juntando más y más, hasta el punto de que a veces tropezábamos los unos con los otros. El sendero se estrechaba también por la vegetación, no podíamos ir todos a la vez. Nadie quería ser el primero ni el último, así que nos apelotonábamos como las ovejas y seguíamos adelante. Yo iba detrás de José, Lobín no había quien lo soltara del pico de mi blusa hacía ya tiempo. Los dos mayores iban dándose empujones para no ser el último.

Todos los ruidos de la noche nos parecían fantasmas: el vuelo de un pájaro, el sonido de búhos, el ladrido de los perros, el relincho de los caballos cercanos, el bramido de los toros; incluso el ruido que hacíamos nosotros al andar y mover las matas nos hacía sobresaltar.

Lobín: Está todo muy oscuro... ¡No veo nada! ¡Yo me quiero ir a casa!

José: Tiempo has tenido, muchachito. Ahora, si quieres, ¡vete solo!

Lobín: Pero es que... ¡tengo miedo!

José: ¡Pues te aguantas!

Lobín: Bueno, pero ¡no grites, que se oyen por todas partes y parece que me está hablando un fantasma!

Empezamos a dejar el arroyo a la derecha. Ya se abría la angostura, con matorral algo más alto. Al fondo se apreciaba una silueta de arboleda salteada como acebuches, un gran y frondoso almendro, lentiscos y demás. Justo delante, hacia la izquierda, teníamos otro arroyuelo seco que cruzaba el camino. Ahí estábamos plantados cuando oímos un ruido en las adelfas que lo bordeaban. A mí me sobresaltó muchísimo y a todos en general, pues no veíamos nada a nuestro alrededor por más que mirábamos. Entonces fue cuando hubiera deseado no insistir tanto en esa idea tan estúpida. Me entraron ganas de salir corriendo, pero comprobé que ni siquiera podía dar un paso. Las piernas me temblaban, como si fueran dos ramitas débiles, y apenas si podía articular palabra. En aquellos momentos, no sé cuánto hubiera deseado que uno de mis hermanos hubiese retrocedido, pero todos se encontraban en el mismo estado que yo. Nos hablábamos unos a otros con voz entrecortada y en susurro, tanto que el más despistado se habría dado cuenta enseguida del pánico que sentíamos en aquellos momentos.

Después de permanecer un rato sin movernos, sin pestañear siquiera, se oyeron de nuevo los ruidos y el raspajeo entre las adelfas. Por fin preguntó Lobín con un hilito de voz:

Lobín: ¿Qué es eso?

Bebo: ¿Lo habéis oído?

Juanjo: Yo sí, parecen... ¡ruidos de cadenas al arrastrarse!

José: ¡Anda ya! Son las piedras del arroyo al chocar unas contra otras.

Bebo: ¡Sí, claro! Y las mueve el viento, ¿verdad?

Lobín: He oído como el resoplo de un caballo. ¡Vámonos! —dijo lloriqueando.

Juanjo: Eso es lo mejor. A mí esto empieza a no gustarme nada. ¡Ya hemos comprobado nuestra valentía, caramba!

Bebo: ¡Es verdad! ¡Vámonos!

Beli: ¡Sí, vamos!... Pero ¿por qué no comprobamos qué clase de ruido es? Puede que sea un conejo.

Juanjo: ¡Calla de una vez y vámonos! —dijo gritando.

José: Si salimos corriendo ahora, va a ser peor. Si es... un fantasma, nos seguirá. Si no, podremos marcharnos tranquilos.

Juanjo: Está bien, pero... ¿quién se va a acercar al arroyo? Porque yo no pienso dar ni un paso más adelante.

Beli: ¡Shhhh! No hace falta acercarse más. Desde aquí podéis tirar una piedra hacia el sitio de donde nos viene el ruido y, si es un animal, se asustará y saldrá corriendo.

Bebo: Y si no es un animal, ¿tiramos la piedra y seguimos con el mismo ruido? Sería peor porque sabremos de qué se trata y no vamos a poder salir corriendo del miedo.

A todo esto, el extraño ruido se seguía oyendo y nosotros cada vez hablábamos más bajo y con menos fuerzas.

José: ¡No hay más que hablar! A trancas y barrancas hemos llegado hasta aquí y no nos vamos hasta que nos convenzamos de que por aquí no hay nada raro.

Beli: ¡Bien dicho! Y rapidito, que se hace tarde. José, tú que tienes buena puntería, coge una piedra y lánzala con todas tus fuerzas hacia aquellas adelfas.

Los demás cogimos también unas piedras y nos quedamos inmóviles, paralizados, como clavados en la tierra. Nos miró a todos nosotros, que estábamos muy juntos; luego avanzó unos pasos, levantó una mano. En esos momentos me parecía que el corazón me iba a estallar. El cuerpo se me puso rígido como una estatua. Cerré mis manos fuertemente sobre las piedras, que me parecieron pelotitas de goma. Mantuve la respiración. Dio un giro hacia atrás y lanzó la piedra con todas las fuerzas que pudo, cortando el viento tan rápidamente que llegó a parar justo donde venían los ruidos. Sentimos un golpe sobre una roca, un caballo asustado resoplar. ¡Y una voz!

COTO

—¡ALTO! ¿QUIÉN VA?

Nos quedamos paralizados por un instante. Al pronto, echamos a correr, pero fue en vano. El primero tropezó, se cayó y todos caímos detrás. Ya en el suelo, vi dos bultos oscuros avanzando hacia nosotros con una cosa muy rara, negro brillante, en la cabeza y un palo muy largo en las manos, al tiempo que gritaban:

—¡Alto! ¡Alto o disparo!

Creí perder el conocimiento en esos momentos. El pánico impedía levantarnos. Las figuras se aproximaban a nosotros, que seguíamos apelotonados en el suelo. Hasta que pude distinguir claramente el tricornio: ¡LA GUARDIA CIVIL! Entonces me sentí volver a la vida de nuevo.

—¡Imbéciles! —gritó uno.

—¡Menudo susto nos habéis dado! —dijo el otro.

—¿Qué hacéis aquí? ¿Estáis chalaos? ¿Y dónde está vuestro padre? —nos gritaban muy enfurecidos.

José: (Casi llorando) Es que...

Lobín: (Llorando a lágrima viva) ¡Yo no quería venir! ¡Me obligaron! ¡Ellos tienen la culpa! ¡No me lleven a la cárcel! ¡A mí no!

Bebo: Pues verá usted, señor guardia...

Juanjo: Hemos venido porque...

Ninguno podíamos explicar nada, seguíamos aterrados. Ahora no por el fantasma, del que ni nos acordábamos, sino por miedo a que la guardia civil nos metiera en la cárcel. Ellos conocían a mi padre, a nosotros también. No obstante, le teníamos mucho respeto, obligados por mi padre, y miedo a la vez, pues en ocasiones los habíamos visto atrapar a contrabandistas y llevarlos presos al cuartel. La idea nos aterrorizaba.

—¿Quieren tranquilizarse de una vez y decirnos qué hacéis aquí? —gritó uno muy enfadado.

Lobín, que aún seguía llorando y el corazón encogido, dijo:

—¡No nos meta en la cárcel! ¡No hemos robado nada! —El corazón se le quería salir del pecho—. ¡Quiero irme a casa! ¡Quiero ir con mi mamá!

Yo me sentía flotar, mis manos y mi cuerpo estaban fríos como la escarcha y blancos como la nieve. Sin embargo, la cara me ardía como el hierro al rojo vivo. Seguíamos sin poder expresarnos.

—¡No le grites más, hombre! ¿No ves que están asustados? —le dijo al otro al tiempo que cogía a Lobín en brazos para tranquilizarlo—. No tenéis nada que temer. ¡No os vamos a meter en la cárcel! ¡Ni llevaros al cuartel! Así que tranquilitos y vamos a ver qué es lo que hacéis aquí solos y a estas horas de la noche, tan lejos del cortijo.

El tono de voz de ese guardia nos tranquilizó bastante a todos y, ¡zas!, de un brinco mi cerebro se puso a pensar vertiginosamente, tan rápido que me impedía enlazar palabra, todas se me agolpaban. Pretendía contar una versión creíble de lo sucedido antes que lo hicieran los otros y metieran la pata.

—Bueno, ¡empezad ya! ¿Tenéis lengua o se os ha perdido con la caída? Buscadla en el suelo y hablad de una vez, hombres, ¡que no somos monstruos para que pongáis esas caras!

Bebo: Pues verá usted...

Beli: Estábamos jugando esta tarde en la cuadra con los caballos a los indios. —Observé como Bebo abría los ojos y la boca a la vez, su cara era un cromo. Era el rey del embuste y esta vez lo habían destronado de golpe. Continué—: Entonces, entró Lobín, se dejó la puerta abierta. El potro salió como un rayo y se escapó. Todos salimos corriendo tras él y, viendo que no lo alcanzábamos, le dejamos creyendo que volvería con su madre. Como empezaba a oscurecer y el potro no regresaba, salimos a buscarlo antes que papá lo supiera. Fue así como llegamos hasta aquí. No le dirá usted nada a mi padre, ¿verdad?

—No os preocupéis más —contestó el guardia amable—. Vamos al cortijo.

—Deberíamos decírselo —repuso el gruñón— para que otra vez pongáis más cuidado y le obedezcáis. Estáis demasiado consentidos y hacéis lo que os da la gana sin ver el peligro que os podéis acarrear. En mis tiempos de niño, mi padre...

Mientras nos contaba esa historia, el guardia *amable* nos montó en su caballo a Lobín y a mí; el resto, andando. Así regresamos a casa.

Parece que se tragaron nuestro rollo muy bien, pero todos sabíamos que el guardia gruñón se lo diría a papá en cuento lo viera. Así que, cuando llegáramos, rápidamente teníamos que abrir la puerta de la cuadra.

Y eso hicieron Bebo, Juanjo y José: corrieron hacia la cuadra para dejar escapar al potro, única forma de que nos creyeran. Pero, ¡SORPRESA!, el potro estaba esperando que abriesen la puerta, buscando a su mamá hambriento. ¡Se había escapado de verdad!

—¡El potro! —gritaron los tres a la vez.

Cuando entramos en casa, ¡ya papá lo sabía todo! Nos miró muy muy serio y con una señal de la vista desaparecimos como fantasmas. Él siguió conversando con los guardias civiles. ¡Qué chivatos!

Mientras tita Mercedes nos limpiaba los pies y las manos a Lobín y a mí, mamá ya tenía lista la cena. Las dos nos hablaban bajito, ellas sospechaban de una nueva fechoría, que algo habíamos tramado. Nos comimos el rico tazón de leche migada y corrimos a acostarnos. En mi cuarto Lali y Jesuli, los bebitos, dormían plácidamente en mi gran cuna, pero Anichi y Maruchi estaban agazapadas como liebres, esperando que yo entrara para abalanzarse sobre mí a preguntas... Mamá entró detrás con su «¡Shhhh! ¡A dormir!».

A la mañana siguiente, por la expresión de su cara sabíamos que papá seguía enfadado, ¡muy enfadado!, con la trastada de ayer. ¡Después de la gran reprimenda!, vino el fruto de nuestra... ¡desventura! Castigó a los mayores a ordenar y barrer el patio del cortijo, que era enorme y de piedra, y que además con el temporal de levante de esta semana se encontraba lleno de tierra y hojarascas. ¡Pobrecillos! El primo Juanjo también pringó, hasta que llegara su padre a recogerlo esa tarde. A Lobín y a mí prácticamente nada, a limpiar la conejera, que lo hacíamos encantados. Mi padre, como tantas veces, dio por sentado que nos llevaron forzados para que no contáramos nada de lo sucedido con el potro.

El castigo, no sé cómo, pero siempre, o la mayoría de las veces, conseguíamos convertirlo en proeza. La puesta en marcha del mismo era la nueva aventura del día, a la que mis hermanas se invitaban solas. Anichi se ofreció a colaborar con los mayores organizando las tareas: Juanjo y José, a ordenar la pila de corcho que tiempo atrás, en otra travesura, nos encargamos de destrozar; ella y Bebo, a barrer el inmenso patio. Eso sí, previamente había que remojarlo con agua para no levantar demasiado polvo, y de camino se refrescaba ella un poco.

Lo mismo con Lobín y yo. Salió Maruchi, la especialista en limpieza de gallineros y conejeras, muy diligente a echarnos una mano. Ya venía dándole tumbos al cajón de madera de los pavitos para meter allí a los conejos mientras le adecentábamos su hogar. Lobín, con su camión grande de madera, acarreaba cagarrutas y forraje al estercolero, y yo cargándole el camión y un carrillo de mano; pero, sobre todo, observando lo que hacían y ¡dando *sugerencias* a diestro y siniestro! ¡Eso se me daba muy bien! Tanto que me atrevía a disponer el trabajo a los mayores. Claro está que, en cuanto me veían aparecer, me echaban a escobazos de allí, sobre todo Juanjo, culpándome de su desgracia.

Mientras estábamos en faena, mamá y tita Mercedes horneaban el pan de la semana, en compañía de los bebés. Después, prepararon la bañera grande, la rosa pequeña y barreños de cinc al sol, con agüita del pozo para que se fuese calentando. La arrimaba tito Juan con cara de pocos amigos. El pobre mío trabajaba como un mulo. Salió temprano a la sierra por la leña seca para encender el horno. El pan estaba en reposo de la noche anterior. Cuando volvía de la sierra, parecía un escarabajo pelotero. Todo era una gran bola de leña y dos patitas minúsculas por la falda de la sierra abajo.

Sentimos la burra Pepa rebuznar, que estaba a la sombra de las higueras. Los perros al tiempo con su algarabía de ladridos. ¡Nosotros alertas! Soltamos todo y salimos corriendo a la puerta del cortijo con idéntica algarabía que los perros. Era el pollino Rufino de Sebastián el pescadero que gritaba:

—¡Señora Pacaaa! Llegó el pescadero con su pollino Ru-fi-noooo. Directo de la atunara con el mejor pescado del Campo de Gibraltar.

Ya todos nos arremolinamos junto el burrito acariciándole por todas partes. Era un animal muy noble. Traía el serón de empleita de palma muy cuadradito con las cajas de pescado dentro.

Estaba forrado por la parte inferior de *plasti* (plástico) blanco para que no se mojara el aparejo ni el animal, y cubierto con grandes frondes de helechos por arriba.

—Hoy traigo un género fresco, fresco; ¡casi vivo! ¡Sardinas de la colita vuelta, jureles de la boquita abierta y almejas con la lengüita fuera! Después del temporal de esta semana, hoy la mar nos ha regalado lo mejor.

Mi Tita Mercedes, con su Jesuli en el cuadril, le trajo el botijo con agua fresca. Maruchi la imita con Lali, que hacía más bulto que ella. Y empezaron a hablar todos a la vez. Los gatos, que nunca aparecían, merodean por medio con sus rabos tiesos esperando su morralla. El pescadero levanta los helechos al tiempo que dice:

—Mirad qué género traigo. ¡Cuidado, que saltan! —Saca una romana pequeñita y mamá el lebrillo.

Yo pregunto a Bebo que lo tengo a mi lado:

—Bebo, ¿qué es el género?

—Pues eso, el género —me responde señalando al serón completo.

—¿Serón, pescado o helecho? —pregunto de nuevo.

—No, ¡eso! ¡Señalando otra vez el todo!

—Es el helecho —le digo—. En la tienda Los Sargentos de doña Enriqueta, el género son las telas. Como este hombre no tiene, los tapa con helechos. ¡Ese es el género!

—El pescado, ¡zoqueta! ¡El género es el pescado! —interviene Juanjo con su sonrisita sabihonda, el moquillo claro en la nariz y su tirabuzón sudado y pegado en la frente.

—Aaah, ¡qué listo eres, primo! —contesto yo mientras Bebo haciéndose el longui; se aparta del corrillo.

Lobín lleva ya rato tirándome del pico de mi blusa, quiere ver las almejas. A los dos nos entusiasmaba mucho tocar su *lengüita* con el dedito y ver cómo rápidamente la esconden. ¡Qué listas!

—¡Pero mirad! Por la falda de la sierra baja el guarda del cortijo, ¿no? —dice mamá con el pescado ya en el lebrillo puesto en el cuadril. Todos salimos corriendo a retomar nuestra tarea y terminar cuanto antes.

El pescadero se marchó, no antes de dejar a mamá un cartucho de bolitas grandes para después de comer. Esta se marcha a preparar el pescado y el almuerzo. Los bebés estaban ya en la bañerita rosa con agüita templada, Maruchi ayudaba a Meme. Recogimos las herramientas y fuimos al agua, primero los tres pequeños: Maruchi, Lobín y yo; después, los tres mayores. ¡Anichi ya se había lavado con el cubo!

A esta niña nos costaba verla integrada en el rebaño, siempre estaba al lado de mamá. Solo la veíamos algo alegre cuando venía la prima Mari Carmen de San Roque, que era de su edad e igual que ella de mandona. Entonces se jugaba a lo que ellas disponían. Eso sí, cuando mamá marchaba con la burra

Pepa a San Roque de compras, la dejaba a ella al mando del rebaño con Mercedes, que se encargaba de los peques. ¡Cómo disfrutaba entonces la chiquilla! Nos sentaba a todos en una silla y no nos dejaba ni toser. Ni una mosca se movía allí.

Un día que mamá marchó al pueblo, estábamos en el patio jugando y fui dentro a buscar un juguete. Cuando salgo con mi diábolo, me encuentro a todos en la gañanía sentados cada uno en su silla como estatuas y ella, ¡cual ojo de águila al acecho de su presa!, al verme, se colocó frente a mí desafiante. Mi reacción fue refleja e instantánea: ¡le zampé una *guantá* que retumbó en toda la gañanía! Mis hermanos, perplejos, se miraron y la miraron con cara de incredulidad. Yo, ¡3 años menor que ella!, mostrando total indiferencia (¡pero muerta de miedo!), salí tan pancha con mi diábolo a jugar al patio. El rebaño, fortalecido, fue reaccionando poquito a poquito, mirándola de reojo. Me siguieron saliendo despacito de uno a uno. ¡Se acabó el *asedio* para siempre!

—¡A comeer! —llama mamá.

Papá ya estaba en casa. Rica sopa de tomates con almejas y jureles fritos. También morunas para quien quisiera. De postre trajo papá de la huerta de su primo las primeras ciruelas de la temporada.

En esta siesta, no nos picaron ni los mosquitos. Caímos en la cama repanchingados y no resollamos en toda la tarde, hasta que nos llamaron para la merienda: buenas rebanadas de pan horneado del día con una onza de chocolate recién traído de Gibraltar. ¡El tito ya estaba allí!

Había que dar grandes bocados al pan y minúsculos mordiscos al chocolate, de forma que acabáramos con las dos piezas a la vez. Sobre la mesa, se disponían ricas tortas de aceite y tocino con almendras enteras rociadas de azúcar tostada por encima, salidas también del amasijo de hoy. ¡Ah! Y una gallinita de la misma masa con las alitas marcadas por hileras de almendras, con ¡un huevo asomando en el culo! Era para el pequeñín: Lobín. Esa sería nuestra cena y además el regalo preparado para la tía Catalina, madre de Juanjo.

Lobín y yo le teníamos una canción muy especial a su gallinita:

Por la calle abajito, lerén, lerén,
va una gallina, lerén,
con el huevo en el culo, lerén, lerén,
la muy cochina, lerén.

Cómo nos reíamos y cómo disfrutábamos los dos, cantando por lo bajini, porque... ¡comiendo no se canta! Nos tenían dicho.

Tito Francisco ya estaba al día del suceso de la noche anterior. Disfrutaban todos de un aromático café y divertida tertulia con gran alboroto, risas y carcajadas; como si estuviesen contando chistes. Jesuli merodeaba andando entre la multitud, Lali caía y subía rápidamente agarrada a unos y otros. En cuanto entramos, cambiaron de tema y apariencia,

¡todos a la vez! Entendí claramente el motivo: ¡nuestra última travesura!

Encontramos a papá ya más calmado también. Casi casi calmado del todo, pero en cuanto nos vio llegar, enderezó la espalda e intentaba a la fuerza mantenerse serio; le costaba fingir. Nos invitó a sentarnos alrededor de la mesa, en el sombrajo.

Manteniendo su compostura, insistió de nuevo en que esta vez habíamos llegado demasiado lejos en la fechoría, no solo por alejarnos tanto del cortijo de noche, sino por la imprudencia del peligro que nos podía acarrear. Repitió otra vez los peligros: las alimañas, los zorros y gatos monteses, las vacas palurdas sueltas, los perros semisalvajados, contrabandistas, forajidos e incluso la propia Guardia Civil como en este caso. Mis hermanos mayores y Juanjo le prometieron que no lo harían nunca más. (A mí por los menos no me quedaron ganas de aventuras. Creo que mientras me durara el susto).

En tanto papá reiteraba su sermón, mi cabeza no paraba de maquinar cómo plantear la *cuestión* que nos hizo llegar tan lejos. ¡De golpe se me enciende la vela y lanzo!:

—Papi, el primo se va ahora con el tito —remolonea mi mente—. Esta noche, él no estará con nosotros. —Juanjo, sorprendido, desconcertado y rojo de la ira, me quería atravesar con la mirada—. Por qué no nos adelantas el final de la historia real de la otra noche. ¡Anda, por favor!

Maruchi salta de su silla, con toda la carita manchada de chocolate:

—¡Sí, sí, sí! ¡Anda, papi!

—Ahora mismo no caigo —dijo mi padre.

Insiste Maruchi:

—¡Síííí!, la historia del FANTASMA del arroyo La Mujer. —¡Todos a la vez soltaron la carcajada!—. Juanjo se va y no podrá enterarse del final, ¿te acuerdas?

—Anda, hombre —interviene mamá—. No los tengas más en vilo. Que como vayan otra vez por allí, ¡el FANTASMA les dará para el pelo! ¡Y a la vuelta, mi chancla!

Papá, simulando cara de pocos amigos, pero sereno y hasta alegre, al fin accedió.

Al momento, todos, absolutamente todos, adultos chicos y chicas, abrimos bien los oídos. Después de tantos comentarios, versiones y de la llamada de atención del guardia civil gruñón a papá, ninguno de los mayores, sobre todo, tenían nada claro qué había sucedido realmente.

—Al día siguiente de ver el FANTASMA —empezó papá a narrar muy tranquilo—, por la mañana, fui al mismo lugar y... ¿qué encontré? —Silencio total de la concurrencia—. ¡Un ALMENDRO enorme cuajadito de flores!

—¡Ooooh! —soltamos todos a la vez.

—El reflejo de la luna produjo sobre esas flores blancas un brillo tan intenso que parecía enteramente la silueta de un ¡FANTASMA! Yo había pasado por allí muchas muchas veces; más de día que de noche, pero aquella noche y en aquel preciso momento, seguramente con el reflejo lunar, eso fue lo que vi: ¡UN FANTASMA! Lo pasé muy mal esa noche. Dormí fatal, no podía creer lo sucedido. Efectivamente, al día siguiente todo cambió, lo vi más claro y real: ¡UN FLORIDO ALMENDRO! Por supuesto, me quedó claro que ¡LOS FANTASMAS NO EXISTEN!

—¡Aaaah! —exclamé yo—. Síííí... ¡Sí! ¡Ya empiezo a comprender!... ¡Ya entiendo!... ¡UN FLORIDO ALMENDRO!... ¡EL FANTASMA!... ¡El almendro!... ¡UN ALMENDRO SIN FLORES!... ¡UN FRONDOSO ALMENDRO! ¡CHICOS, eso fue lo que vimos! ¡Ya recuerdo!

—Papá —interviene José—, justo detrás de ese gran almendro frondoso, en las adelfas, lancé la piedra y ¡APARECIÓ LA GUARDIA CIVIL!

—¡El FANTASMA lo teníamos justo encima! —responde Juanjo.

—¿Dónde?, ¿dónde? —grita Lobín—. ¡Yo no lo vi! ¡Ni quiero verlo! —Corrió a refugiarse en el regazo de mamá. Este chico es muy madrero.

—Pues menos mal, José —replica Mercedes—, que fallaste la puntería y no le diste en el ojo a ese guardia malange. ¡Soltó una gran carcajada! ¡Y todos la seguimos!

—¡Vamos! —Se levanta mamá—. Va siendo hora de ponerse en marcha, Francisco. Ya se ha ido la calor y tenéis un largo camino hasta San Roque. No tardéis en iros, que se os hará de noche en el arroyo La Mujer y os espera ¡EL FANTASMA! —Carcajadas distendidas.

Tita Mercedes repartió unas barritas de liquimbá (regaliz) que trajo el tito.

Empezamos a la vez la despedida al primo Juanjo y a su padre, dando besos a diestro y siniestro, ¡y metiéndole miedo a Juanjo! ¡TODOS FELICES Y CONTENTOS!

«Ellos marcharon y nosotros nos quedamos a jugar en el gran patio un gran rato», pensábamos, porque pronto llegó mamá a fastidiarla.

—¿Todos tenéis las cuentas terminadas? ¿El copiado del evangelio del sábado? ¿El dibujo del evangelio copiado y coloreado?

Mi madre y la maestra Inés del colegio rural El Albarracín llegaron al acuerdo de que este mes, próximo ya a las vacaciones, no asistiríamos los sábados. A cambio, haríamos esa tarea en casa. Se encontraba a unos dos kilómetros por caminos de herradura con cierta dificultad en cuanto a pendientes y algún que otro peligro. Sin olvidar el calor propio del momento.

Paramos en seco el jolgorio que teníamos y fuimos entrando cual corderitos al redil, dispuestos a *comprobar* si todo estaba completado y en orden para la jornada siguiente. ¡Se acabó la fiesta!

En la noche, después de las ricas tortas de almendra de cena, la canción de la gallinita de Lobín con el coro de Maruchi, mío y de la comparsa, y el beso de despedida en riguroso orden de mayor a menor, nos fuimos yendo. ¡Cada muchuelito a su olivo!

¡Por fin hoy voy a dormir tranquila!
Y convencida de que...
¡NO EXISTEN LOS FANTASMAS!
Y fuimos felices
y comimos perdices
y pimientitos asados,
¡para el culito que está sentado!

FIN

Instituto de educación mixta Al-Ándalus. Arahal, noviembre 1974

Título de la redacción: *El libro de mi vida*, cap. IV

El fantasma del arroyo La Mujer. Adaptación: mayo a julio 2024

Isabel Téllez Navarro